the Moon is the Muse

"La Luna é La Musa"

Christina Di Noia

Copyright © 2005, Christina Di Noia, All rights reserved.

This book, or parts thereof, may not be reproduced in any form without permission from the publisher.

Published by Solare,
Cherry Hill, New Jersey

ISBN: 0-9785535-1-9

Cover design by Downes Designs

Printed in the United States of America
by Morgan Printing in Austin Texas

SOMMARIO

Prologo 6

Frammenti di Vita 11

Passi di Diario 89

TABLE OF CONTENTS

Prologue 7

Fragments of Life 11

Excerpts from a Diary 89

*... Per Te che innalzi l'anima
mia nell'armonia dell'estasi*

*... Per Fabyola e Tiffany,
stelle di mughetti in un prato di velluto*

*... For You who uplifts my soul
to the harmony of ecstasy*

*... For you, Fabyola and Tiffany,
lillies of the valley amidst the velvet meadow*

PROLOGO

La vita e' un dualismo antagonistico tra la gioia e la tristezza, l'amore e l'odio, il bello e il brutto, il bene e il male, la luce e le tenebre. Presi da questo dualismo generiamo molta energia; questa energia e' vivere.

Siamo stelle danzanti di abissi stellari, nel nostro antagonismo apportatore di energia; preziose gemme, vibranti meteore, nomadi e libere nei sentieri dell'universo. Non e' altro che polvere e turbolenza la fremente luce del luminoso astro nella notte stellare; eppure e' quella stella che ha ispirato il profondo poeta, inebriato il romantico amante! La vita, quindi, e' una forma illusiva; e' una dimensione del pensiero. Impara ad apprezzare il tangibile intorno a te e ad elevarlo nel trascendentale; una emozione questa che apporta equilibrio, ispira alla poesia, alla dolcezza e all'amore.

Impara a pilotare le tue emozioni verso sentieri di luce, ed in quel prisma di luce, accendi i tuoi sogni ... lascia che la tua mente prenda volo! Crea in te una Musa, portera' il sole nell'anima tua! Ti irrorera' di sensazioni mistiche e piacevoli. Una Musa e' un sogno racchiuso in un pensiero, una forma metafisica che se trasformata in realta' tangibile perde la sua magia, la sua bellezza, si disintegra.

Fai vibrare il metafisico! Lasciati trasportare dal palpito dolce ed armonico del cosmo attraverso la contemplazione ... componente primordiale nell'armonia della mente. Risveglia l'artista che c'e' in te, abbellisci, sogna. Il sogno e' realta' se il risultato appaga. Abbraccia la natura nel suo fulgore, nella sua forma illimitata ed immanente, impara ad osservarla; ascolta la magia del silenzio, il mormorio del ruscello, il canto del vento. Contempla la cromia dei colori dell'iride inchiusi in un filo d'erba. Disseta i tuoi pensieri nel mistico splendore

PROLOGUE

Life is an antagonistic dualism of happiness and sadness, love and hatred, beauty and ugliness, good and evil, light and darkness. With this dualism we generate much energy; this energy is living.

Moved by this antagonism, generator of energy, we are dancing stars of stellar abysses, precious gems, vibrant luminescent meteors and nomads soaring into the paths of the universe. It is nothing but dust and turbulence, that vibrant light of the luminous star in the starry night; and yet, it is that star that has inspired the profound poet and inebriated the romantic lover! Life, therefore, is an illusive form and a dimension of thought. Learn to cherish the tangible surrounding you and elevate it to the transcendental; this is an emotion that evokes equilibrium and inspires poetry, sweetness and love.

Learn to pilot your emotions towards the paths of light and, in that prismatic light, ignite your dreams. Let your mind soar! Create in you a Muse and it will bring the sun into your soul and will impregnate you with mystical and pleasurable sensations. A Muse is a dream enclosed in a thought, a metaphysical form that if transformed into tangible reality loses its magic, its beauty and it will disintegrate.

Let the metaphysical vibrate! Abandon yourself in the sweet and harmonic rhythm of the cosmos through contemplation which is the primordial component for the harmony of the mind. Awaken the artist that exists in you; embellish; dream. Dream becomes reality if the outcome satisfies. Embrace nature in its radiance and in its limitless and immanent form; learn to observe it; listen to the whisper of the silence, the murmur of the brook and the song of the wind. Contemplate the hues of the rainbow embodied in a filament of grass. Quench your

di un tramonto, nell'armonia delicata e suggestiva di una alba che nasce.

Osserva la luna, ibrida e gonfia di melanconie sommesse, levare i suoi veli nella notte oscura e, nei suoi azzurri e luminosi sentieri, perdi la percezione del tempo attraverso il plasma delle tue emozioni per entrare nell'Immensita' e nel Libero. E' l'astratto ... e' l'emozione che ci ispirano! Vivi il momento, vivi le tue emozioni ... vivile a pieno, non scalfirle, non inquinarle, non inalidirle con rigidi ragionamenti.

Noi, con il nostro modo di pensare, possiamo trasformare il brutto in bello. Il mondo apparira' piu' leggero, piu' piacevole, piu' trasparente, la gente piu' magnanima. Trovati sempre in una predisposizione positiva e vedrai che le piccole cose che ti circondano diventeranno splendide attraverso la percezione delle tue emozioni.

— *Christina Di Noia*

thoughts in the mystical splendor of a sunset and in the harmony of a suggestive dawn.

Observe the melancholic moon lift its veils in the obscure night and, in its blue and luminous paths, lose perception of time across your emotions and enter into the immensity and freedom. It is the abstract and the emotion that fulfill us! Live the moment, live your emotions. Live them fully; do not harden and contaminate them with rigid reasoning.

We, with our way of thinking, can transform the bad into goodness. The world will appear more serene, pleasant, transparent, people more magnanimous. Embody positive disposition and you will see that small things that surround you will become splendid through the perception of your emotions.

— Christina Di Noia

FRAMMENTI DI VITA

"Bisogna avere un caos dentro di se' per diventare una stella danzante"
— Zarathustra

FRAGMENTS OF LIFE

"One must have chaos within in order to become a dancing star"
— Zarathustra

Pioggia

Stanotte il firmamento
E' commosso al pianto
Coriandoli d'argento
Si effondono
Lungo i sentieri del cielo
Nella nenia lenta, occulta
Di cobalto traslucente
Della notte.

Piange a singhiozzi
La pioggia capricciosa
Colpisce l'asfalto impenetrabile.

Poscia rallenta e dolcemente
Invade l'ibisco, la buganvillea
E la rosa rossa del mio giardino.

Bevono i fiori
Creature sensuali
Bramosi di dissetarsi
E nell'amplesso culminante
La pioggia diafana
Si addormenta.

Cherry Hill, 9 settembre.

Rain

This night the firmament
Opens with pathos.
Silvery streamers
Effuse along the paths of the sky
In a soothing and mystical echo of the
Translucent blue colored night.

Cries uncontrollable sobs
The capricious rain,
Striking the impregnable asphalt.

Then it relents and tenderly
Invades the hibiscus, the bouganvillea
And the red rose of my garden.

The flowers, sensual creatures,
Imbibe, yearning to quench their thirst,
And the diaphanous rain
Climaxes
In a culmination
Of peaceful surrender.

Cherry Hill, September 9

Grotta Azzurra

Acque mistiche, trasparenti,
Traslucenti.
Acque blu cobalto
Di rocce laviche.

Scrigno di immagini oniriche
Incastonante
Acque scorrevoli
Di lapislazzuli fusi.

Acque recondite
Nascenti
Da miti lontani
Da echi di Scilla e di Ulisse.

Avviluppo di un vortice di luce
Sprigionante
Un mistero magico e fiabesco.

Capri, 3 ottobre

The Blue Grotto

Transparent, translucent
Mystical waters.
Waters of blue cobalt
Lava rock.

Smooth waters,
Like fused lapislazzuli
Mounted into a niche of
Dreamlike images.

Hidden waters,
Nascent from distant mythology,
Echoing of Scylla and Ulysses.

A wrapping of a vortex of light,
Unraveling into a mystery of magic and fable.

Capri, October 3

Lo Scoiattolo

Come un batuffolo di bambagia
Spolverato in argento
Salta tra l'erba di smeraldo
Lo scoiattolo.

Scopre le foglie
Dai colori vibranti
Stelle di fuoco
Sull'erba.

Afferra una ghianda
Scavalca un fungo
Gioca a rimpiattino
Con la sua compagna
Innamorata.

La rincorre sugli alberi,
La abbandona
Poi frenetico
Torna a rincorrerla,
A lusingarla.

Tra i rami
Scavalla
Scende e sale
Ridiscende e risale

Piccolo acrobata
Libero
Nella sua altalena
Di emozioni.

Cherry Hill, 22 ottobre

The Squirrel

Like a cotton puff
Dusted in silver,
The squirrel exalts
In the emerald grass.

He discovers
On the grass
The leaves
Of vibrant colors
Like stars of fire.

Clutches an acorn
Brushes over a mushroom
Plays hide and seek
With his enamored companion.

Pursues her up the tree
Abandons her
Frenetically returns
To pursue and
Flatter her.

Then ... among the branches
He frolics
He ascends, descends
And again ...
He ascends, descends

A small acrobat
Free
In his myriad emotions.

Cherry Hill, October 22

Brinata

Dopo tanto grigio
Finalmente il sole
Sale nella nebbia iridescente
E fa l'occhiolino al mondo.

Le foglie non danzano piu'.

Tumuli di foglie
Linfe di una vita che fu
Giacciono sull'erba
E lungo il sentiero
Che percorro.

La brina sulle foglie
Come zucchero filato
Le addolcisce.

Il sole poi ...
Regala loro l'ultima chimera.
Le filtra, le invade
Per dare loro un ultimo palpito.

Le foglie non danzano piu'.

Per una volta ancora
Come ambre imbevute in diamanti fusi
Le foglie
Tornano a risplendere
Nel tripudio luminoso
Dei colori dell'iride.

Cherry Hill, 31 ottobre

Frost

After so much gray
The sun ascends
through the iridescent fog
And twinkles at the Earth.

The leaves no longer dance.

Masses of leaves
Lifeblood that was
Lie on the grass
Along my path.

The frost on the leaves
Like icing
Sweetens them.

The sun then
Bestows on them one last chimera.
Penetrates, invades them
For one last pulse.

The leaves no longer dance.

One last time
Like amber imbibed into fused diamonds
The leaves sparkle
In the luminous exultation
Of the colors of the rainbow.

Cherry Hill, October 31

Percezione

Insegna al tuo bimbo
Il ritmo delle onde
L'armonia del canto degli uccelli
Il sussurro del vento
La melodia della pioggia che scende
La poesia dei tramonti eliaci
L'incantesimo delle notti di luna.

Insegna al tuo bimbo
Che la natura ha un palpito
Che il Creato e' un concerto
Di musica divina.

Insegna al tuo bimbo
Che il mondo nella sua interezza
E' una bolla danzante
Nelle sue mani
Che spetta a lui
Illuminarla, farla vibrare
Farne scaturire
La sua entita' magica.

Insegna al tuo bimbo
Che il Creato e'
L'impero dell'armonia,
Che il Creato appartiene a lui
Che lui e' il re
Di questa realta' magica.

Rutgers University, 5 agosto

Perception

Teach your child
The rhythm of the waves
The harmony of the bird singing
The whisper of the wind
The melody of the rain falling
The poetry of the heliacal setting
The enchantment of the moon-lit nights.

Teach your child
That nature has a pulse
That Creation is a concert
Of divine music.

Teach your child
That the world in its entirety
Is a dancing bubble
In his hands,
That it is up to him
To illuminate it,
Make it vibrate,
Evoke
Its magical entity.

Teach your child
That Creation is
The empire of harmony,
That Creation belongs to him
That he is the king
Of this magical reality.

Rutgers University, August 5

Frammenti

Il sole
Separa
Dalla notte il giorno.

Il cielo
E' tutto un velo d'azzurro
In un pentagramma di note musicali.

Riecheggia sospeso nell'aria
Il tremulo canto dell'usignolo.

Melodie argentine
Di stormi di uccelli
Menestrelli dell'aria
Salpano il cielo.

Nel sole
Scoppia di gioia
Il colibri'.

Nell'ebbrezza
Del sole
Esplode di giallo
La forsythia.

Il mandorlo e il pesco,
Come batuffoli di nuvole
Come morbidi acquerelli
Come ballerine di Degas,
Danzano in leggiadria
Nello splendore
della luce del sole.

Fragments

The sun
Draws forth
The day from the night.

The sky
Is an entire azure veil
In melodies of divine music.

Echoes suspended in the air,
The tremulous song of the nightingale.

Silvery melodies
Of flocks of birds,
Minstrels of the air
Sail the sky.

In the midst of the sun
Bursts with joy
The hummingbird.

In the bright sun
Explodes in yellow
The forsythia.

Flowering almond
and peach trees,
Like puffs of clouds
Like soft watercolors,
Like ballerinas of Degas,
Dance gracefully
In the splendorous sunlight.

Soffi di zefiri e di musiche tzigane
Di tulle e di rosa
Imprimono l'aria ...
Viene alla luce Tiffany.

Florida, 4 aprile

Whisps of zephyrs, Tzigane music and
Of rose tulle anoint the air ...
Tiffany comes into the light.

Florida, April 4

Tempesta notturna

Cade la notte
Di luminescente grigio
Sopra gli alberi
Di foreste nere.

Brancola nel buio
L'immenso abete,
Districandosi
Tra il rombo dei tuoni
Ed il boato degli abissi.

Saetta nell'aere
Il lampo,
La tempesta
E' vicina.

Divampa nell'aere
La pioggia fastigiosa,
Infrangendo le tenebre
Ed il profondo silenzio.

Cherry Hill, 17 maggio

A Storm in the Night

The night falls
As a luminescent grey
Above the tree tops
Of dark forests.

Gropes in the dark
The immense fir tree,
Extricating itself
Amidst the rumble of thunder
And the roar of the abyss.

In the air
Flashes lightning,
The storm is near.

In the air
Blazes the cresting rain,
Shattering the darkness
And the profound silence.

Cherry Hill, May 17

Mattinata

Mattinata serena e frizzante
preludio di primavera.

Dualismo armonico
Della notte
Che insegue il giorno
Del buio
Che cerca la luce.

Sole rosso
Nascente
Da tenebre immense
Esplosione di luce
Che irrora
Il mondo dormiente.

Casette felici e assonnate
Che sanno di amore domestico.

Tetti brinati
Stagliantisi al cielo
Che accolgono i tiepidi raggi
Del sole ad oriente.

Spettro di luna calante
Ibrida di dolcezze sommesse
Di melodie celesti
Che vanno a morire ad occidente.

Uccelletto brioso ed ignaro
Che attraversi
La volta turchina
Inneggiando al sole.
Sei tu piccolo essere festoso
Come un mio pensiero sovrano

Morning tide

A serene and effervescent morning
Prelude of Spring.

Harmonic dualism
Of night
that pursues the day
Of darkness that seeks the light.

A red sun
Nascent from immense darkness
An explosion of light
That anoints the dormant world.

Happy and somnolent houses
That exude domestic love.

Frosted roofs
Silhouetted into the sky
That welcome the tepid rays
Of the orient sun.

Specter of a waning moon
Hybrid of surreptitious sweetness
And celestial melodies
That fade away in the
occident.

Spirited and oblivious bird
That sweeps
The firmament
Extolling the sun.
You are a festive tiny being
Like one of my sovereign thoughts

Attraversi della mente i meandri
Vivi il momento
Ed imbevi di tutta la luce che c'e'.

Cherry Hill, 10 marzo

That meanders through my mind,
That lives the moment
And imbibes all the light that there is.

Cherry Hill, March 10

Mi Tierra Guatemala

Attraverso viaggi fascinosi
Nei sentieri della mente,
Scivoli lenta, scorri fluida,
Guatemala.

Guatemala, Tu accendi i miei sogni
Di arabeschi di forme e di colori,
Di prorompenti arcobaleni
Ed ipnotiche lune.

Tu esplodi nei meandri
Del mio cuore
In uno scottante caleidoscopio
Di sensazioni e profumi
Che sanno di tropico, di incenso
E di giungla.

Tu ... culla delle mie emozioni
Piu' recondite.
Tu ... porto dei miei pensieri
Piu' naufraganti.
Tu ... sogno
Piu' idolatrato.

Tu ... Terra dei Maya e d'Amore
Tu ... Terra di Passione e di Fuego
Tu ... nido del Viejo Quetzal e delle Estelas.

Tu che risplendi
Nelle acque salmastre
Del Mare Caraibico
Irrorami della tua luce magica.

My 'Tierra' Guatemala

Through enchanting voyages
Along the pathways in my mind,
Softly glides
Smoothly flows
Guatemala.

Guatemala, you enkindle my dreams
Of arabesque forms and colors,
Eclectic rainbows
And hypnotic moons.

You explode in the meanders
Of my heart
In a flaming kaleidoscope
Of emotions and fragrances
Evoking in me the tropics, incense
And the jungle.

You, cradle of my most
Hidden emotions.
You, the safe harbor of my most
Drowning thoughts,
You, my most idolized dream.

You, Land of the Mayas and Love.
You, Land of Passion and Fire.
You, nest of Viejo Quetzal and of the Estellas.

You that shines
In the salty waters
Of the Caribbean Sea
Bathe me with your magical light.

Tu che colori i miei sogni
... Del misterioso e solenne Atitlan
Sparviero del tempo,
... Di immense foreste di plantanas
Bagnati da raggi di luna,
... Di scroscianti ed argentee
Piogge tropicali
Sospese nella luminescenza lunare.

Tu oasi lontana
Mi Tierra
Dissetami.
Riemergi
La mia fanciullezza
... Falla rinascere
... Falla vibrare
... Falla sgorgare
Nel cielo aperto
Fra coriandoli di stelle.

Williamsburg, 30 dicembre

You that colors my dreams
With the mysterious and solemn Atitlan,
With the immense forests of plantanas
Bathed by moon rays,
With pouring and silvery tropical rain
Suspended in the lunar luminescence.

You distant oasis,
My Land,
Quench my thirst.
Reincarnate
My childhood
Make it come to life,
Make it sparkle,
Make it spring
Into the open sky
Among astral streamers.

Williamsburg, December 30

Rio Dulce

Canta il vento
Tra le palme flessuose
Di Rio Dulce.

In un tremolio d'oro fuso
Le tue onde
Si increspano
Accolgono
Gli ultimi raggi del sole
Assopientesi
Nei tuoi fondali ...
Rio Dulce.

Tropicale incanto
E' lo sfavillio di luci
Del tuo immenso sole rosso
Tra le liane ...
Rio Dulce.

E' melodia estasiante
Il tuo cocktail
Di profumi e colori
Che accende
I miei sogni
E i miei sensi ...
Rio Dulce.

Rio Dulce (Guatemala), 8 agosto

Rio Dulce

The wind whispers
Among the swaying palms
Of Rio Dulce.

Like tremulous melted gold,
Your waves ripple and
Welcome
The last rays of the sun
That go dormant
In your depths ...
      Rio Dulce.

Tropical enchantment
Is the glitter of lights,
Of your immense red sun
Among the liana vines ...
      Rio Dulce.

It is a melodious rapture
Your cocktail
Of perfumes and colors
That ignites
My dreams
And my senses ...
      Rio Dulce.

Rio Dulce (Guatemala), August 8

Madre

Non vidi
Le tue spoglie
O Madre
Presso i Sepolcri.

Ma ti vidi
Riscintillare diafana
Quel giorno
Oltre spazi astrali.

E la Terra esultava
In un incantesimo
Di equilibrio, di pace,
Di recondita armonia.

Effluvi leggeri
Note dolci e amare
Pennellate di Te
Nella brezza
Nel silenzio
Nel sole pallido
Che accarezzava
I Sepolcri.

Poi sullo sfondo montagnoso
Oltre il cancello,
Ferma nel tempo
Come Shangri La,
Dormiva Morano preziosa
Con il suo castello
E le sue case
Come lucciole
Inerpicate in Paradiso.

Nizza, 31 gennaio

Mother

I did not see
Your mortal remains,
Oh mother,
Near the Sepulcher.

But I saw you
Gleaming diaphanously
That day
Beyond astral spaces.

And the Earth was exulting
In an enchantment
Of equilibrium, peace,
And concealed harmony.

Gentle fragrance
Sweet and sour notes
Depict you
In the breeze
In the silence
In the feeble sun
Caressing the Sepulcher.

Then against the mountain setting
Beyond the gate,
Frozen in time
Like Shangri La,
Was precious Morano
With its castle
And its houses
Like fireflies
Flickering into Paradise.

Nice, January 31

Nevicata

Fiocca la neve copiosa,
Solenne ... silente.

Allegramente piroetta
Nell'aria
Splendidamente rincuora.

Candida, radiosa e calma
Carezza gli arbusti avvizziti,
Il rigagnolo gelato
Il ceppo e il passero.

Danzano
I fiocchi leggiadri
In un magma d'incanto
In uno sfavillio iridescente
In una cromia di luci.

Scendono
I fiocchi a miriade
Dalla volta infinita.

Sale
Il fumo del comignolo solitario
Tra le falde iridescenti
Fondendosi
In un abbraccio possente.

Dorme
Il mondo in un silenzio solenne
In una sinfonia di bianco e di cristalli ...
... le emozioni riscintillano
E fanno vibrare i ricordi.

Williamsburg, 26 dicembre

Snowfall

The copious, solemn,
Silent snow is falling.

Joyfully pirouettes in the air,
Splendidly heartens.

Candid, radiant and calm
Caresses the wrinkled shrubs,
The frozen stream,
The log and the sparrow.

The graceful flakes
Dance
In a conglomeration of enchantments,
In a sparkling iridescence,
In a motley of lights.

The myriad snowflakes
Descend
From the infinite vault.

The smoke from the solitary chimney
Ascends
Among the iridescent flakes,
Amalgamating into a powerful embrace.

The world
Sleeps
In solemn silence,
In a symphony of white and crystals.
The emotions glimmer again,
Making rekindled memories reverberate.

Williamsburg, December 26

Maschere

Maschere di paillettes
Maschere di merletti
Maschere di seta
Di trucchi e di belletti.

Maschere ironiche o scherzose
Maschere scaltre o intelligenti
Maschere buffe o fantasiose
Maschere tristi o solari
Maschere di Carnevale.

Sfaccettature allettanti
Di un gioco di specchi
Che sa di riflessi e riflessioni.
Tripudio di personalita' multiple
Di Pirandello, di Freud e di Goldoni.

Maschere seducenti
Nell'intreccio antagonistico
Del visibile e dell'invisibile,
Nell'intrigo dualistico
Di realta' e di apparenza.

Maschere imprevedibili e magiche
Di un Carnevale
Che maschera l'io
Per smascherare il celato
Che diventa palese attraverso la maschera.

Maschere carismatiche
Che trasvestono l'io
Nella mascherata della vita.

New Orleans, 28 febbraio

Masks*

[*Note: "Person" drevies from Etruscan word "Phersu" which means "mask"]

Masks of glitter
Masks of lace
Masks of silk
Masks of cosmetics and makeup.

Ironic or jesting masks
Shrewd or intelligent masks
Funny or fanciful masks
Sad or happy masks
Masks of Carnival.

Alluring facets
Of a prism
In a game of mirror reflection
And mind reflecting
A medley of multiple personalities
From Pirandello, Freud and Goldoni.

Seductive masks
In the antagonistic interlacing
Of visible and invisible
In the dualistic intrigue
Of reality and illusion.

Unpredictable and magical masks
Of a carnival
Which masquerade the Ego
In order to unmask the hidden
That becomes apparent through the mask.

Charismatic masks
Which transvest the Ego
In the masquerade of life.

New Orleans, February 28

L'io e L'aurora

Mondo pristino e magico
Nei tremuli albori
Dell'alba nascente.

Mondo incantato
Non ancora sciupato.
Mondo assopito
Nella sua sinfonia
Di profumi e sensazioni
Nel suo sfavillio di favola.

Mondo intriso
Da una armonia
Delicata e suggestiva.

Palcoscenico
Di morbide immagini
Dove l'io
Disseta i suoi pensieri,
Le sue fantasie,
Diventa cio' che sogna.

Percezioni inlucenti
Che inebriano l'io
Lo librano
Verso lo zenith
Dove raggiunge eterno equilibrio.

Cherry Hill, 26 febbraio

The Ego and the Aurora

Pristine and magical world
In the tremulous lights
Of the newborn dawn.

An enchanted world
Still unspoiled
Dreams in its symphony
Of fragrances and sensations
In its sparkles of fairytales.

A world inundated
By a balanced
And suggestive harmony.
A stage
Of soft images
Where the Ego
Quenches its thoughts;
Its imagination
Becomes all that it dreams.

Luminous perceptions
Inebriate the Ego
Thrusting it into the zenith
Where it attains eternal equilibrium.

Cherry Hill, February 26

Bellezza

Cosa strana e' la bellezza!
Misteriosa e magnetica.
Penetrante e magica.
Invade la mente
... la inebria
... la rapisce
... la stordisce.

Bellezza e' un tripudio
Di immagini fantasmagoriche
Che solcano la mente.

Bellezza e' uno sguardo
Sgranato all'improvviso.

Bellezza e' lo stupore
Della mente
Che trasforma il tangibile
in incanto.

Bellezza e' un enigma
E non un'equazione .

Bellezza e' una percezione ineffabile
Che non segue
Norme prestabilite.
Capta il momento
Dell' impatto.

Bellezza e' malia,
Bellezza e' magia
Evocante emozioni.

Beauty

What strange thing is beauty!
Mysterious and magnetic.
Penetrating and magical.
Invades the mind
... intoxicates
... enraptures
... mesmerizes.

Beauty is a medley
Of phantasmagoric images
That channel the mind.

Beauty is a glance
Cast spontaneously.

Beauty is the stupor
Of the mind
That transforms the tangible into enchantment.

Beauty is an enigma
And not an equation.

Beauty is an ineffable
perception
That does not follow
Established norms
It captures the moment
Of an impact.

Beauty casts a spell.
It is alluring
Evoking emotions.

Bellezza e'
una intensita' sottile
Che strega.

Bellezza e'
Un prisma che irradia
Un mistero che coinvolge
Una seduzione che abbaglia
... Bellezza.

Cherry Hill, aprile 26

Beauty is a bewitching
subtle intensity.

Beauty is an
irradiating prism,
An enrapturing mystery,
A seduction that dazzles
... Beauty.

Cherry Hill, April 26

Spegnersi
(Dedicato a Chi Non Sa Brillare)

Oggi mi sento spenta,
Vulnerabile.

Individui come avvelenatori,
Come cadaveri ambulanti
Mi passano davanti,
Mi stanno di fronte,
Mi torturano la mente.

Esseri senza anima
Esseri torbidi, acri
Inchiusi in un cofano
Di ludibrio, di insaziabilita',
Di incapacita'.

Dracula assetati
Che succhiano,
Si nutrono,
Pretendono,
Vogliono
Per poi colpire
La sorgente da dove attingono.

Non sono istrioniche maschere
Truccate da belletti e lustrini,
Avvolte in una illusione
Di luce.
Ma ...
... e' delle streghe che parlo!
Maschere tetre e verdognole,
Sterili e coriacee
Ciniche ed acidule
Senza luce.

Cherry Hill, 15 novembre

Extinguished
(Dedicated To Those Who Do Not Know How To Shine)

Today I feel extinguished,
Vulnerable.

Venom-filled individuals
Pass by me
Like walking cadavers,
Stand near me
Torture my mind.

Humans without souls.
Dark, acrid beings
Enclosed in filthy coffins.
Insatiable and incapable beings!

Thirsty Draculas
That imbibe,
Feed,
Expect,
Demand,
Then attack the source that feeds them!

I am not lamenting about histrionic masks
Embellished with glitter and cosmetics
Enwrapped in an illusion
Of light,
But ...
... it is of witches that I am speaking!
Masks of green and darkness,
Sterile, cynical, corrosive
Without light.

Cherry Hill, November 15

Dolore

Sentirsi ermeticamente blindata
Nel vortice dell'onda piu' turbolenta
Delle mareggiate oceaniche.

Sentirsi
Intrappolata
In una tagliola che stritola
E soffoca voracemente.

Non riuscire a risorgere
Non riuscire a volare.

Dolore
Non attanagliare
Il magico.

Emozione
Spegni la tristezza
E riaccendi i sogni.

Cherry Hill, 5 gennaio

Pain

Feeling hermetically sealed
In the whirlpool of the most turbulent wave
Of the surging ocean.

Feeling
In a trap that constricts
And suffocates voraciously.

Not able to resurrect
Not able to soar high.

Pain
Do not clamp down
The magic.

Emotion
Smother my sadness
And rekindle my dreams.

Cherry Hill, January 5

Succede a volte ...

Succede a volte
Che io debba
Troppo
Avvicinarmi ad alcuni individui.

Incomincio
A disorientarmi
A incespicare
A mettermi
Alla berlina.

Scopro allora
Che allontanandomene
Io riesca
A rinascere
Dalle ceneri
Come un Phoenix.

Mi ritrovo
A volare
Oltre il sole
Riprendendo
Vertiginosamente quota
Librandomi
Verso spazi
Infiniti ed incontaminati
Oltre la stratosfera.

Ritrovo me stessa
Nocchiera di un universo
Di equilibrio
In una aureola
Di splendore.

Cherry Hill, 18 novembre

At times it happens …

At times it happens
That I tend to
Get too close to some individuals.

I begin
To disarray
To stumble
Make a fool out of myself.

Then I discover
That in distancing myself
I succeed in resurrecting
From the ashes
Like a Phoenix.

I start
To fly
Beyond the sun
Whirling into dizzying heights
Soaring towards the infinite and pristine space
Beyond the stratosphere.

I find myself
The navigator of a universe
Of equilibrium
In a halo
Of splendor.

Cherry Hill, November 18

Primavera

Primavera ritorna gioiosa
Tra rondini e grida festose.

Il sole risplende sereno
Nel tripudio di un mondo ameno.

Sussurri di zefiri e fronde
Mescolio di un sogno che inonda.

Grondaie traboccanti di nidi
Tetti di sole in un concerto di garriti.

Nuvolette che squarciano il cielo
Melodie di un mondo a cui anelo.

Tripudio di effetti speciali
Nel sole dell'aere mattinale.

Sorrisi di primule d'oro
Nel sipario di un mondo che adoro.

Cherry Hill, 28 marzo

Spring

Spring returns with joy
Amidst sparrows and festive shouts.

The sun glows serenely
In a potpourri of a merry world.

Whispers of zephyrs and fronds
Mingling with a dream that fulfills.

Soffits overflowing with nests,
Roofs bathed by the sun in a concert of chirps.

Tiny clouds that tear the sky,
Melodies of a world that I long for.

A medley of wonders
In the air of the morning sun.

Smiles of golden primroses
In a scenario of a world that I adore.

Cherry Hill, March 28

Eclisse

Eclisse totale di luna
Emozioni intrappolate
Nei risucchi di abissi profondi.

Risacche impetuose
Nate da sequele di emozioni
Decadenti, smorte, malate.

Essere umano impenetrabile
Come asta di ferro
Duro e inflessibile.

Essere umano disabile
Accecato
Non trasformabile
In metallo prezioso
In oro duttile e malleabile.

Essere umano coriaceo
Incapace
... di ascendere
Gli abissi infernali
... di trasformare
Le risacche in risalite
... di brillare
Piu' della luminescente luna.

Cherry Hill, 25 novembre

Eclipse

Total lunar eclipse,
Trapped emotions
In the whirlpool of deep abysses.

Raging maelstroms
Evolving from a sequence of emotions
Decadent, drained, diseased.

Impenetrable creature
Like a rod of steel,
Hard and inflexible.

A hardened creature
Blinded,
Difficult to mold
Into a precious metal
Like ductile and malleable gold.

Inflexible human
Unable
... to ascend
From the infernal abysses,
... to reverse
The whirlpools into
Ascending spirals of water
... to shine
More than the luminescent moon.

Cherry Hill, November 25

Se io potessi ...

Se io potessi
Illuminare il mondo

Regalerei ...

Il respiro della Natura
A chi soffoca.

Una stilla di passione e tenerezza
A chi e' blindato.

Petali rossi d'amore
Bagnati da raggi di luna
Inondati da raggi di sole
A chi e' avvizzito.

Regalerei ...

Il sussurro del vento
Ed il silenzio delle stelle
A chi non sa ascoltare.

Le fragranze dell'atmosfera
Intrisa da lampi di sole
A chi non sa assaporare la vita.

Regalerei ...

Bagliori di luna
Vaganti in oscuri sentieri
A chi e' accecato.

If I could …

If I could
Illuminate the world

I would bestow …

The breath of Nature
Upon those who are stifled.

A drop of passion and tenderness
Upon those who are hermetically sealed.

Red petals of love
Bathed by moonbeams
Inundated by sunrays
Upon those who are withered.

I would bestow …

The whisper of the wind
And the silence of the stars
Upon those who do not know how to listen.

The fragrance of the atmosphere
Drenched by sun gleams
To those who do not know how to savor life.

I would bestow …

The beacon of the moon
Shining on obscure paths
upon those who are blinded.

E nella fluida musica del mare,
Nelle sue onde soavi e senza fine,
Nel cuore dell'incognito,
Affiderei le mie emozioni
Al fascino del mistero.

Cherry Hill, 8 giugno

In the fluid music of the sea,
In its gentle and endless waves,
In the depth of the unknown,
I would trust my emotions
For the fascination of mystery.

Cherry Hill, June 8

Armonia

Armonia e' ...
un messaggio in volo
un sogno in un cassetto
una immagine racchiusa in un pensiero
un momento senza tempo
un sentimento
un ponte attraverso l'oblio
una tenerezza che da' spazio alla poesia

Armonia e' ... l'immensita' ... la vastita' ...
lo sconfinato ... il libero!

Philadelphia, 21 marzo

Harmony

Harmony is ...
a message in flight
a dream in a drawer
an image enclosed in a thought
an endless moment
a sentiment
a bridge across the void
tenderness that unfolds into poetry

Harmony is ... the immensity ... the vastness ...
the boundlessness ... freedom!

Philadelphia, March 21

Oblio

Come volute rosee
Di nubi irradiate
Dal sole del crepuscolo
Cosi' tutto dissipa,
Passa e va nell'oblio.

Scottsdale, 20 ottobre

Oblivion

Like pink puffs
Of clouds radiating
In the tapestries of dusk
So everything dissolves
And turns into oblivion.

Scottsdale, October 20

Poesia

Poesia ...

Musa dell'anima
Vibrazione delle corde
Dei sentimenti.

Trastullo
Del pensiero
Vortice puro di immagini oniriche.

Prisma iridescente
Di effluvi di emozioni
Di caleidoscopi di luce.

Eteree immagini
Di sfaccettature illuminanti
Che portano in alto
Nel mistico
Nella serenita' di spirito
Nei sentieri del sublime.

Connubio dell'io
Che si espande,
Amalgamandosi
Con l'Immensita'.

Amherst, 12 giugno

Poetry

Poetry ...

The Muse of the soul,
The vibration
Of our sentiments.

The amusement
Of our psyche,
The vortex of dreamy images.

The iridescent prism
Of effusive emotions
Of kaleidoscopic light.

The ethereal images of
Illuminating facets
That uplift into the mystical
The serenity of spirit
The paths of sublimation.

An harmonious fusion
with the Id
That expands,
Amalgamating
With the infinity.

Amherst, June 12

A Mia Sorella
(San Valentino)

Ricordi d'infanzia
Fossilizzati dal tempo.

Un battito d'ali
ed abbiamo cinque anni.

Stalattiti d'affetto
Sparvieri del tempo che fugge.

Stillicidio di effusioni
Bramosi di dirti
I love you!

Cherry Hill, 14 febbraio

To My Sister
(Valentine's Day)

Memories of childhood
Fossilized by the passage of time.

One flap of the wing
And we are five years old.

Stalactites of affection
Like the soaring eagles
Conquering the fleeting time.

Constant trickles of effusions
Longing to say
I love you!

Cherry Hill, February 14

Un Lampo di Gioia

Divampa dalle tenebre piu' oscure
Un lampo di gioia
Riporta le mie emozioni
In uno stato di pace mentale e
Di armonia
Ed in quella scintilla infinetesimale
Di un attimo
... nasce una poesia.

Cherry Hill, 20 febbraio

A Spark of Joy

From the most obscure darkness,
Erupts a flash of joy
Uplifts my emotions
Into a state of mental peacefulness
And harmony.
It is within an infinitesimal spark
of an instant
... that a poem is born.

Cherry Hill, February 20

Pensiero Dominante

Un concetto
Una illusione
Una fantasia
Una immaginazione
Una immagine
Un pensiero dominante
Nella vita interiore
Non va alla deriva.

Una forma
Incondizionata ed illuminante,
Indelebile ed infinita,
Scivola
Sempre piu'
Inesorabilmente
In un'altra forma
Indefinita
Prismatica.

Disordine
Nella vita concreta
Che recitiamo.

Armonia
Nella vita interiore
Di cui ci nutriamo.

Moorestown, 16 maggio

A Dominating Thought

A concept
An illusion
A fantasy
An imagination
An image
A dominating thought
In the inner life
Does not drift away.

A form,
Unconditioned and illuminating,
Indelible and infinite,
Glides
More and more
Inexorably
Into another indefinite
Prismatic form.

Disarray
In the concrete life
That we recite.

Harmony
In the inner life
That nourishes us.

Moorestown, May 16

Sogni

Palloncini effimeri
I Sogni!

Piccole bolle evanescenti
Danzanti nel pulviscolo
Della stanza romita
Di Mulberry Street.

Si incanalano in esso
Lo oltrepassano
Nella voglia ardente
Di raggiungere il sole.

Nessuno li ferma
I Sogni!

O Sogni!
Tripudio di desideri
Fantasmagoria di emozioni
Abbellite la realta' che muore.

New York, 29 marzo

Dreams

Dreams,
Ephemeral ballons.

Small evanescent bubbles,
Dancing in a reflecting band
Of airborn dust
In the solitary room
On Mulberry Street.

They channel in it,
They overpass it.
No one stops them,
Craving to reach the sun.

No one can stop
The dreams!

Oh Dreams!
Exultation of desires
Phantasmagoria of emotions,
Embellish the dying reality.

New York, March 29

Quel Sole Isolano

Sole spettrale
Di un tramonto ottobrino.

Sole velato, fievole, triste
Come gli spettri di sogni
Che non reggono piu'.

Sole grave
Come i sogni soffocati
Inariditi, freddi
Di chi non sa piu' sognare.

Sole spento
Nella nenia lenta, melanconica
Di questo crepuscolo.

Sole araldo di echi lontani
Di silenzi intangibili
Della quiete notturna.

Ischia, 6 ottobre

That Island Sun

A spectral Sun
Of an October sunset.

A veiled, feeble, lamenting Sun
Like phantoms of dreams
That no longer endure.

A sober Sun
Like suffocated, cold, hardened dreams
Of he who no longer knows how to dream.

A dying Sun
In the slow, melancholic singsong
Of this twilight.

A Sun heralding of distant echoes
And intangible silences
Of the nocturnal stillness.

Ischia Island, October 6

Spuma

Sprazzi di vita gitana
Appesi ad un raggio di luna
Come cenci ad asciugare al sole.

Fragranze salmastre
Che sanno di abissi marini.

Onde spumeggianti
Effluvio di cascate di perle
Danzanti sullo specchio del mare.

Perle effimere, traslucenti,
Evanescenti

Come chimere bramose
Di raggiungere
Il nulla.

Long Beach Island, 10 ottobre

Surf

Flashes of a gypsy life
Hanging on a lunar ray
Like rags drying in the sun.

Marine fragrances
Evoking the sea abysses.

Spumous waves
Efflux of cascading pearls
Dancing on the sea surface.

Ephemeral, translucent,
Evanescent pearls

Like chimeras
Yearning to reach
Nothingness.

Long Beach Island, October 10

I Marosi

Vibranti cavalli bianchi
Scalpitanti ... i marosi.

Corrono esuberanti
Bramosi di infrangersi
Contro la scogliera
A strapiombo sul mare.

Criniere spavalde
Nel vento ... le creste dell'onda.

O tremula luna monella
Osserva la faida
L'impatto dilegua.

Hawaii, 15 agosto

The Breakers

Like vibrant white horses
Dashing ... the big waves.

They run exuberantly
Yearning to shatter
Against the cliff
That juts out over the sea.

Like boastful white manes
In the wind ... the crests of the waves.

Oh, shimmering mischievous moon
Observe the feud
The impact dispels.

Hawaii, August 15

Blu

Quando ...
Il sole incandisce
Dei suoi raggi la luna
E la luna inazzurra
Il cosmo sottostante
Plasmando la materia
Di forme immanenti ed arcane,
Il mondo
Perde la sua pesantezza plumbea,
Diventando, nella notte stellare,
Una luminescente bolla,
Leggera, eterea, trasparente.

E il mondo vaga ...
Nomade e libero
Nel barlume dei raggi lunari.

E il mondo vaga ...
Tra linee, veli e sentieri di luna,
Nel ritmo armonico
Dei silenzi notturni.

Ed io ...
meteora della volta stellare,
particella infinetesimale
Dell'universo imbevuto di blu,
... rapita dal sospiro del vento e
Presa da suggestioni di immagini
A poco a poco divento estatica
Fondendomi nell'incanto
Di un blu senza frontiere.

Manuel Antonio (Costa Rica), 2 aprile

Blueness

When
The sun brightens
The moon with its rays
And the moon renders azure
The underneath cosmos,
Molding matter of immanent and archane forms,
The world
Looses its plumbeous state,
Becoming, in the starry night,
A luminescent bubble,
Light and ethereally transparent.

And the world roams ...
Nomad and free
In the glimpse of the lunar rays.

And the world roams ...
Amidst lines, veils and moonpaths,
In the harmonic rhythm
Of the nocturnal silences.

And I ...
Meteor of the starry vault,
An infinitesimal particle of the universe
Immersed in blue,
And raptured by the whisper of the wind,
... Is overtaken by suggestive imagery.
Little by little I become ecstatic
And fuse into the magic
Of the blue without frontier.

Manuel Antonio (Costa Rica), April 2

Dorme la Notte

Dorme la notte
Sulle ali dorate
Affogando nel pozzo dei sentimenti
Scavando nel solco dei ricordi.

Sorvola la notte,
Prende volo
Tra i passaggi del tempo
Planando a ritroso
Distanze infinite,
Mari sconfinati,
Spazi profondi
Di astri, di lune, di muse.

Della fantasia, la notte, ritrova la cuspide
Tra covi paradisiaci
Trapunti da fiocchi di armonia tropicale.

Manuel Antonio (Costa Rica), 3 aprile

A Dormant Night

The night reposes
On its golden wings,
Drowning in the well of sentiments
Excavating the path of memories.

The night takes flight,
Soaring amid time passages
Gliding in retrospect of time
Into the infinite distances,
Boundless seas and
Profound spaces of stars, moons, muses.

Of fantasy, the night,
Finds the apex
Amidst paradisiacal hideouts
Embroidered with tassels of
tropical harmony.

Manuel Antonio (Costa Rica), April 3

PASSI DI DIARIO

*"Il sogno e' la tua fantasia e la tua fantasia e' la tua realta';
non rinunciarci ... la tua fantasia e' la tua liberta'"*
— Autore ignoto

EXCERPTS FROM A DIARY

*"A dream is your fantasy and your fantasy is your reality;
anchor it ... fantasy is your freedom"*
— Unknown author

11 agosto

Un Mondo Illusivo

... Scopri che il mondo pur se inesorabile e' una proiezione illusiva, una dimensione del pensiero, per cui tu, con le tue emozioni, con il tuo stato d'animo, vedi questo tuo mondo benigno, bello, armonico, oppure maligno, infame, negativo.

Il mondo, se osservato in distanza, nella sua interezza e' equilibrio, armonia e bellezza. Innamorati del sole e non vedrai le ombre. Non consumarti nei preamboli.

Non rammaricarti per le cose che ti succedono ogni giorno. Accendi luce in te e vedrai una miriade di colori sfolgoranti; piu' intensa sara' la luce piu' lustri saranno i colori! Piu' vibranti saranno le immagini!
L'assenza di luce cede il posto al nero. Non vacillare a luce spenta tra ombre nefaste, macabre, senza vita.

Non schermarti nei confronti della realta' ma filtrala con la fantasia. Ama con trasporto, con impeto. Crea dei momenti d'oro, vibra di emozioni positive. Impara ad essere felice, esplodi di gioia per generare la sinergia che sara' la panacea del tuo quietovivere, della tua armonia e della tua felicita'.

August 11

An Illusive World

... Discover that the world, even if inexorable, is an illusive projection, a dimension of thoughts. Consequently, with your emotions and your state of mind you view your world benign, beautiful and harmonic or malignant, infamous and negative.

The world when observed from a distance, in its entirety, is equilibrium, harmony, beauty. In falling in love with the sun, one will not see the shadows, not get lost in the trivia.

Do not discourage for what occurs everyday. Ignite the light within to view radiant myriad colors; the more intense the light the more lustrous the colors, the more vibrant the images! The absence of light cedes to darkness and, when the light is extinguished, we stagger in inauspicious, macabre, lifeless shadows.

Do not shield from reality but filter it with fantasy. Lavish with positive emotions and dreams; create golden moments, explode with gladness in order to generate the synergy which will be the panacea of well-being, harmony and happiness.

15 agosto

Anelare alla Conquista

... Interpreto i miei pensieri, le mie ispirazioni e mi riconosco ... immagine fugitiva coinvolta in una ellisse senza tempo. Una emozione questa che genera molta energia; il traguardo non regna nella conquista raggiunta bensi' nel desiderio di conquista. L' energia e' proprio li', in quel voler raggiungere, anelare piuttosto che nel raggiungimento dell'apice. L'apice va a braccetto con l'inerzia la quale non produce energia ma abulia. E' il desiderio dunque che produce felicita' ed energia e non l'appagamento.

Vivere e' lo strenuoso lottare verso l'equilibrio e, in questo sforzo per anelare alla conquista, generiamo energia diventando stelle danzanti.

Grazie per le emozioni che mi regali. Tu che mi siedi accanto e non parli ... Tu che dimori nelle fibre dell'anima mia ... Tu che ti lasci creare dalla mia fantasia ... Tu che diventi una Musa ... Tu che mi fai turbinare nel gorgo dei marosi ... Tu che prendi una superficie cubica molto elevata della mia fantasia ... Tu.

August 15

Longing for the Conquest

... I interpret my thoughts, my inspirations and I recognize myself ... a fugitive image engaged in a timeless elliptical orbit. This is an emotion that generates much energy; the aspiration is not attaining the conquest but rather longing for it. The energy is there for the desire to reach rather than achieving the apex that holds hand with inertia ... an inertia does not generate energy but lacks willpower. Therefore, it is the longing that brings happiness and energy and not the fulfillment.

Life is a strenuous struggle towards equilibrium, and in that struggle longing for the conquest, we generate energy, becoming dancing stars.

Thank You for the emotions that You bestow upon me. You that sits next to me and is taciturn. You that dwells in the fiber of my soul. You that allows me to create You in my fantasy. You that becomes a Muse. You that makes me whirl into the vortex of the breakers. You that occupies a very elevated cubic surface of my fantasy ... You.

18 agosto

Mattinata

... Assaporo con entusiasmo l'aria mattinale durante le mie passeggiate quotidiane. Il mondo appare pristino subito dopo la nascita dell'alba. In uno scenario di bellezza incommensurabile, di ristoro mentale e fisico, ritrovo me stessa nelle tenue luci del sole, tra fasmate di nuvole, in un'atmosfera di verde e di fiori.

Nei tremuli albori il mondo e' assopito in una sinfonia di profumi e sensazioni, in una armonia delicata e suggestiva.

In questo palcoscenico di morbide immagini e di forme placide, disseto i miei pensieri, il mio io ... poi le percezioni si amalgamano, mi inebriano lasciandomi sospesa tra spazi di infinito.

Dawn

... I savor with enthusiasm the morning air during my daily walks. The world appears pristine just after the birth of dawn. In a scenario of incomparable beauty, of mental and physical revival, I find myself in the tenuous light of the sun amidst luminous clouds, in an atmosphere of green and flowers.

In the tremulous dawning, the Earth is assuaged by a symphony of fragrances and feelings in a delicate and suggestive harmony.

In this stage of mellow images and of placid forms, I quench my thoughts and my ego; then my perceptions amalgamate and enrapture me, leaving me suspended in boundless space.

20 agosto

Paese Mio

... Qualche anno fa, a Philadelphia, uno dei miei studenti mi si avvicino' e mi mostro' con profonda ammirazione la copertina di una rivista internazionale di turismo. Questi mi chiese alquanto speranzoso se io conoscessi il paesino che lui vedeva in copertina perche' voleva assolutamente andare a visitarlo.

Di primo acchito non lo riconobbi il mio paese! I paesini d'Italia si assomigliano un po' tutti, preziosi con il loro tocco medievale ed arroccati tra morbide pieghe di colline addormentate. Poi mi colpi' la casa che lasciai ... la mia casa nel vento ... la mia casa a ritroso nel tempo ... la mia casa romita ... ed allora mi resi conto che si trattava della mia stella ... di un lembo d'incanto ... del mio paesino. Ne assaporai la dolcezza ... un dondolio di culla ... un suono di ninne nanne ... il palpito delle emozioni alle tempie.

My Town

... A few years ago, in Philadelphia, one of my students approached me and showed me with profound admiration the front cover of an international magazine, depicting a small town because he absolutely wanted to visit it.

At first, I did not recognize my small hometown. Italy's small towns look similar, precious with their medieval touch, nestled and fortified in the soft folds of somnolent hills. Then the house that I left swept me ... my house in the wind ... my house through the passage of time ... my house in which no one dwells any longer ... and then I realized that it was my star ... my small town ... I savored its enchantment ... a rocking of the cradle ... a musical sound of lullabies ... the pulse of the emotions in my temple.

25 agosto

Attesa (per Fabi)

... Il mistico prevale nel portare un'altra vita in grembo ... realizzare di essere in due. Sarai un bimbo o una bimba? Sogno una bimba ...

Ti vestiro' da zingara, ti faro' provare le sensazioni dell'erba intrisa di rugiada in un pieno mattino primaverile ... perche' camminerai scalza per gustare pienamente tutto il sapore dell'Infinito ... dello Sconfinato ... del Libero.

Faro' di te una rondine ... faro' di te un usignolo ... sarai il mio idolo!

Ti faro' scoprire la magia dei crepuscoli e delle aurore ... il calore di un bacio.

Ti faro' sentire la brezza che viene dal mare ... ti faro' gustare a piene mani la delicatezza di una magnolia ... ti faro' ascoltare il sottile canto dell'usignolo.

E se a volte l'abitudine, la noia scolorassero la tua vita, possa tu cogliere, in un mondo ombroso, solo boccioli rossi d'amore. E i colori, i suoni e i profumi a cui ti avro' resa avvezza, siano per sempre la luce che ti avvolge e il faro della tua armonia.

Expectation (to Fabi)

... The mystical prevails in carrying another life inside your womb, in having the awareness of being in two. Will you be a boy or girl? I dream of a girl.

I will dress you in Gypsy-style. I will make you feel the grass covered with dew on a splendid Spring morning as you walk barefoot, savoring fully the Infinite, the Boundless and the Freedom.

You will be my idol.

You will discover the splendor of the sunsets, the sunrises and the warmth of a kiss.

I will let you feel the breeze that comes from the sea.
I will let you indulge in the softness of a magnolia.
I will engage you with the melodious song of the nightingale.

If it happens that boredom discolors your life, may you gather, in a shadowy world, only red blossoms of love. The colors, sounds and fragrances that I have imparted in you, be forever the beacons of your harmony!

11 ottobre

La Vita e' un Momento

... Vivere in uno stato di dinamica nel tenore di vita sempre piu' frenetico nel quale occorre assuefarsi e' diventato illuminante ed irriversabile per il mio io.

Il periodo autunnale apporta un senso di nostalgia, un sospiro gentile di immagini che rievocano i ricordi ... forse ... alterati, abbelliti, impreziositi dai passaggi del tempo.

E' in questa dimensione che a volte si vive ritrovando se stessi in una illusione, in un sogno, in una traettoria creata su misura dai nostri desideri e dalla voglia di viverli in una data particolare maniera. Nella carrellata dei ricordi, la vita e' un momento ... e' un fiume che scorre e nella vita io ritrovo il mio epicentro, rimanendo per sempre una proiezione migrante, una luminosa meteora che vibra nel vortice di un orbita senza tempo.

October 11

Life is a Moment

... Living daily in a dynamic state that is endlessly hectic and habitual illuminates my Ego.

The embrace of autumn brings in me a sense of nostalgia, a gentle sigh of images evoking memories that the passages of time have altered, embellished and made precious.

It is in this dimension that at times we live and find ourselves in an illusion, in a dream, in a perfect trajectory created by our desires to live them in a particular way.
In the parade of memories life is a moment. It is a river that flows and in life I find my epicenter. Forever I am a vibrant fugitive and a luminous meteor, propelled into the vortex of a timeless orbit.

12 ottobre

Luminosa Bolla

... Inerpretarsi vuol dire entrare nella dimensione di vita della entita' che ci illumina, in uno scambio di luce che si amalgama all' unisono; guardare insieme verso la medesima direzione.

Non mi hai dato il tempo di entrare nella tua dimensione e tu nella mia.

Un mondo troppo concreto e' il richiamo del tuo parlare! Mi parli dello scorrere del tempo con i suoi effetti collaterali ... e mentre tu sei cosi' preso a divulgare la tua saggezza io ho davanti agli occhi una immagine forse sporadica, sparsa ma ferma di te nel tempo ... di te che mi incontri ... di te che mi ascolti ... di te che mi parli.

 Un linguaggio latente era il nostro discorso; un linguaggio rimasto inalterato attraverso i passaggi del tempo. L'immagine filtrata di te e' cosi' vivida in me che nessuna forza materiale potrebbe mai deturpare.

L'artista abbellisce, l'artista trasforma, l'artista beve da un calice di illusioni; l'artista sogna ed il sogno e' una realta' se il risultato appaga. Idealizzare e' creare attraverso il tempo quel qualcosa che realmente non c'e'.

Una forza platonica, una forza di abitudine che ci portiamo dietro, che diventa rifugio nei periodi di malinconia, che ci culla quando siamo tristi. Ed e' in quel lampo, in quella scintilla di un attimo che l'artista fa scattare la molla e trasforma la tristezza in nostalgia ... risorge generando poesia.

Fermati ... non ti muovere ... il minimo richiamo alla realta' concreta devasta, scalfisce la bolla luminosa della mia realta' trascendente.

October 12

A Luminous Bubble

... To interpret one another means to enter into the dimension of life of an entity that illuminates us and exchanges light that amalgamates into unison; together looking towards the same direction.

You have not given me the time to enter into your dimension of life and you into mine.

You speak to me of things which are material and much too concrete, about the passage of time with its collateral effects. While you are so taken in divulging your wisdom, I have in front of my eyes an image perhaps sporadic, scattered but framed in time. Images of you that meets me, of you that listens to me, of you that talks to me.

We were not saying much with words; we were speaking a latent language and that language has remained unaltered over the passage of time. The filtered image of you is so vivid in front of me that no material power could ever distort.

The artist embellishes, the artist transforms, the artist drinks from the chalice of illusions. The artist dreams and the dream is a reality if it results in appeasement. To idealize is to create over time something that does not exist.

A platonic force, a force of habit that we carry within us, that becomes a refuge in times of melancholy and which cradles us when we are gloomy. It is within that spark of an instance that the artist unleashes the spring and transforms sadness into nostalgia ... resurrects by generating poetry.

Stop ... do not move ... the minimal encroachment on the concrete reality devastates, bursting the luminous bubble of my transcendental reality.

21 ottobre

Stagioni

... Stasera mi incammino verso un tramonto struggente. O meraviglioso autunno! L'aria da giorni e' diventata frizzante ed i tramonti sempre piu' infuocati, gli alberi cambiano vestito intonandosi con il riverberante rosso-arancione dei tuoi crepuscoli.

Il rovo di rose rosse nel mio giardino aspetta l'autunno per sprigionare tutto il suo splendore. Preludio di inverno o adieu all'estate? Vieni a vedere le rose prima che la brina nelle notti ombrose se le porti via! Il loro rosso vermiglio fa bella mostra di se' davanti all'arcata del mio portone.

Giorno dopo giorno inesorabilmente le stagioni si susseguono, eppure, tra un inverno nevoso, una primavera in fiore, una estate magica, un autunno nostalgico ... la mia vita gira ... turbina nel tempo.

October 21

The Seasons

... This evening I ambulate towards a melancholic sunset. Oh marvelous autumn! The air has become effervescent and the sunsets even more fiery; the trees are changing their attire to match the reverberating red-orange of twilight.

The red roses in my garden have waited for autumn to release their climatic splendor. A prelude to winter or adieu to summer? Come and see the roses before the frost in the long shadowy nights takes them away! Their crimson red makes a gorgeous display under the arch of my door.

Day after day, inexorably the seasons pass. In the midst of a snowy winter, a blooming spring, a magical summer, a nostalgic autumn ... my life turns ... whirls in time.

28 ottobre

Fantasia e Realta'

... La componente primordiale che mi permette di interpretare il mondo e che trasforma la mia giornata in una forma paradisiaca e' la fantasia. Il surreale, l'illusivo sono gli elementi trainanti che imprimono il mio sopravvivere. Smantella il concreto! Crea un mondo fantastico, fantasmagorico, fiabesco. La fantasia e' la Musa che inebria, si espande e risorge, ci porta col suo tappeto magico nei sentieri della stratosfera.

Eppure, in una forma paradossale, col passar degli anni ho imparato ad essere coerente con la realta'. L'esperienza della vita mi ha resa volitiva e se non lo fossi diventata, sarei affogata nelle mie emozioni. Col tempo ho imparato a pilotare le mie emozioni verso sentieri di luce, proteggendo, in tal modo, queste emozioni, da inutili tormenti ed ossessioni. Ed e' in questo sforzo molto incisivo che accendo i sogni e li coloro. Poi la fantasia mi regala forme magiche, ed in questa panacea di magiche illusioni, ogni volta ricomincio la risalita della china.

October 28

Fantasy and Reality

... Fantasy is the primordial component that allows me to interpret the world, to transform my day into a paradisiacal form. The surreal, the illusion are the leading elements that imprint my survival. Dismantle concreteness! Create a fantastic, phantasmagoric, fairy-tale world. Fantasy is the Muse that inebriates; it expands, revives and uplifts on its magical carpet to the paths leading to the stratosphere.

Nevertheless, in a paradoxical way, through the years I have learned to be coherent with reality. The experience of my life has rendered me volitive and, if it weren't so, I would have drowned in my emotions. With the passage of time, I have learned how to pilot my emotions into well lit paths and, consequently, protect them without becoming obsessions or torments. It is through this very incisive effort that I ignite my dreams and color them. Then, fantasy bestows on me magical forms and, in this panacea of magical illusions, each time I reascend the slope.

1 novembre

Dolce e Amaro

... E' mezzogiorno. Durante la mia pausa ho deciso di andare al parco. L'autunno ha sprigionato tutto il suo incanto! Il mite sole accarezza la gente e la natura. Le foglie ormai ingiallite dormono sul prato ... i bimbi si divertono a pigiarle e a stringerle tra le dita affascinati dal loro scricchiolio ... una nuova scoperta nel mondo! Le neomamme portano i loro bimbi in carrozzina e sognano tante tenerezze. Palloncini variopinti volano nella lieve brezza autunnale. Anch'io mi lascio trasportare da questa atmosfera giallo-oro, lutea, tranquilla, fluida, calma.

Sono felice. Mi sento sempre felice ed appagata quando vivo in contatto con la natura. I passanti mi affascinano. Mi piace osservarli, coglierne le emozioni e leggerli dentro attraverso il loro linguaggio gestuale.

L'antrace e' arrivato nel New Jersey. E' ripudiante vedere il postino deporre la posta nella mia cassetta postale con i guanti. Poi ieri, l'ufficio postale del mio quartiere ha chiuso i suoi battenti a causa dell'antrace. Siamo terribilmente rattristati da questa abominevole criminalita'. E' una criminalita' contro l'intera umanita'. Speriamo che la giustizia presto risplenda e trionfi sulla miseria umana.

Ieri era Halloween, la festa celtica che riempie le strade di bambini e di adulti in maschera. Ebbene, quest'anno non e' stato come gli anni precedenti; pochi incanti ... pochi sollazzi ... pochi bambini ... poche grida festose ... poche risate chiassose lungo le strade ... poche maschere hanno bussato all'uscio di casa gridando "Happy Halloween". Le leccornie che avevo in dono per loro mi son rimaste quasi tutte.

November 1

Bitter and Sweet

... It is noon. During my break I have decided to go to the park. What a marvelous autumn day! The mild sun caresses the crowd and the surroundings. The leaves now turned yellow are asleep in the meadow ... the children amuse themselves by squeezing them, by holding them tightly amid their fingers and charm themselves with their crunching sound, a new discovery in their world. Neo-mothers stroll their babies with their carriages, afloat in tenderness. Multicolored balloons fly in the soothing autumn breeze. I also enthralled by this golden, tranquil, fluid, serene atmosphere.

I am happy. I always feel happy and fulfilled when I am in contact with nature. The passerby's fascinate me. I like to observe them, grasp their emotions, and gleam inside them through their body language.

Anthrax was discovered in New Jersey. It is repudiating to see the postman depositing the mail into my mailbox with gloves and mask. Then, yesterday, anthrax shut the doors of the post office in my neighborhood. We are tremendously saddened for this abominable criminality against humanity. I hope that justice soon will resplend and triumph over human misery.

Yesterday was Halloween, the Celtic holiday which fills the streets with children and adults in masquerade. This year has been unlike the former years ... very little magic ... very little amusement ... very few children ... very few festive shouts ... very little raucous laughter along the streets ... only a few masquerades have knocked at my door shouting "Happy Halloween". Most of the treats remained in my basket.

4 novembre

Incontro di Nuovo la Luna

... Il mite sole autunnale regalandomi tenere note mi trascina verso un ennesimo incontro con te.

Dopo la caduta delle foglie non e' ancora piovuto. Sembrano stelle di fuoco sull'erba, le foglie dai colori vibranti! Le ombre degli alberi, ormai spogli, si allungano lungo il tratto che percorro e la mia mente prende volo ... rimane appesa alla nuvola piu' alta del firmamento.

Ieri era una notte di plenilunio; una notte limpida, serena, tranquilla. Sotto il chiarore lunare il paesaggio notturno era avvolto da una luce bianca, argentea, uniforme ed in quella luminescenza anche l'essere umano piu' sadico sarebbe diventato meno coriaceo.

Poi, stamattina mentre passeggiavo incontro di nuovo la luna. La rivedo ad occidente mentre il sole ad oriente le regala i suoi raggi ma ne indebolisce la sua sagoma ed i suoi contorni, facendone di essa una larva trasparente, eppure, bella ... ipnotica.

November 4

I Encounter the Moon Once Again

... The mild autumn sun, bestowing on me tender notes, enthralls the nth encounter with you.

After the fall of the leaves, it has yet to rain. The leaves with vibrant colors are like flaming stars on the ground. The shadows of the trees, now naked, stretch along the track that I ambulate and my mind soars, remaining suspended from the highest cloud in the firmament.

Last night was plenilunar; a limpid night, serene, tranquil. Under the moonlight the nocturnal panorama was enveloped in white silvery diffused light; even the most sadistic human would have become less hardened!

Then, this morning while I was walking, I encountered the moon once again. I saw it in the west while the sun in the orient was flashing its rays onto it; then slowly its contours were fading, creating a transparent larva, and yet, beautiful ... hypnotic.

15 novembre

I Ricordi

I ricordi vanno diretti al cuore.

> Sono melodie che fanno scintillare le fibre dell'anima.
>
> Sono sussurri di un linguaggio latente, interiore.
>
> Sono sprigionio di faville portate in alto dal calore della fiamma.
>
> Sono sfolgorio di luce e di sole in una giornata uggiosa.
>
> Sono fili di magia che connettono il passato al presente.
>
> Sono elemento trainante che fa scaturire le emozioni.

November 15

Memories

Memories go straight to the heart.

> They are melodies that make the fibers of the soul scintillate.
>
> They are whispers of an interior, latent language.
>
> They are the efflux of sparkles brought to its highest by the warmth of the flame.
>
> They are the radiance of light and sun in a gloomy day.
>
> They are magical strings that link the past to the present.
>
> They are the leading elements that catalyze the bursting of emotions.

17 novembre

Tu

... La vita e' uno stato della mente, una dimensione del pensiero. Attraverso gli anni ho imparato che la felicita' e' una conquista e noi, con il nostro modo di pensare, possiamo trasformare il brutto in bello e che per ottenere questo bisogna lavorarci sodo.

Poi scopro te e tutto e' piu' facile. Dolce compagno della mia vita. Tu che sei il silenzio ... tu che sei la melodia ... tu che sei il sussurro ... tu che sei la sola realta' che non ha bisogno di trasformazioni. Tu che accendi luce in me ... tu che dilegui la nebbia ... tu che sei l'universo in cui mi espando ... tu che innalzi l'anima mia nell'armonia dell'estasi ... tu.

You

... Life is a state of mind, a dimension of thought. Through the years I have learned that happiness is a conquest and we, with our way of thinking, can transform ugliness into beauty and, in order to accomplish this, it is necessary to work arduously.

Then I discover you and everything is easier. Sweet companion of my life. You are the silence ... you are the melody ... you are the wisper ... you are the only reality that does not need any transformation. You that ignites light within me ... you that dissipates the fog ... you that is the universe that I expand into ... you that uplifts my soul to the harmony of ecstasy ... you.

2 Dicembre

Atmosfera Natalizia

... Siamo entrati nel periodo natalizio! Il New Jersey e' avvolto da un'aureola festiva. Note dolcissime si effondono nell'aria che sa di mistico, di arcano e di recondito.

I giardini residenziali sono decorati con luci multicolori. Molte case hanno in giardino un maestoso abete che viene addobbato con luci e ghirlande. C'e' nel mio giardino un grande abete, trionfante prisma di luci, di colori e di magia; acceso per risplendere sacrale, fastoso, ricco ed opulento nelle notti natalizie.

Domenica. Passeggiavo al tramonto. Il clima alquanto mite mi rilassava piu' del solito. Il sole era una incandescente palla di fuoco. Man mano che l'aria imbruniva, le luci degli addobbi natalizi ed il rosso del sole accentuavano sempre piu' le loro sagome, creando una sintonia di colori smaglianti, vermigli. Tutto era un tripudio fantasmagorico di riflessi ... di abbagli ... di palpiti ... di emozioni ... di note in sordina.

December 2

Christmas

... It is Christmas time! New Jersey is veiled in a festive aura. Sweet notes in the air evoke a mystical, arcane and secluded atmosphere.

The residential gardens are decorated with varicolored lights. Many houses have a majestic fir tree in their gardens which is decorated with lights and garlands. In my garden there is a large fir tree, a triumphant prism of light, color and magic; it is lit to a lavish resplendence, rich, propitious and opulent in the Christmas nights.

Sunday. I was walking amid the sunset. The unusually mild climate was relaxing me more than usual. The sun was an incandescent ball of fire. As the air was darkening, the lights of the Christmas adornments and the red hues of the sun were accentuating more and more their contours, creating a synthony of dazzling, crimson colors. Everything was a phantasmagoric exultation of glitters ... of dazzles ... of palpitations ... of emotions ... of notes in sordine.

9 dicembre

Un Compleanno Felice
(A Mia Madre ... Sorgente della Mia Ispirazione e della Mia Vita)

Oggi, 9 dicembre, giorno in cui sono venuta al mondo ... sono venuta alla luce ... sono nata. Giorno in cui una goccia di vita ha avuto il privilegio di diventare realta'.

Ringrazio il Creato per avermi regalato la chance di esistere, di vivere, di sentirmi donna, matura, sensibile, realizzata.

Ringrazio il Creato per avermi regalato il sentimento che mi permette di apprezzare il tangibile intorno a me ed elevarlo nel trascendentale, una emozione che assaporo a piene mani ... una emozione che mi apporta equilibrio, mi ispira alla poesia, alla dolcezza, all'amore.

Amo la vita e tutto quello che la vita mi da'. Amo la gente. Amo tutto cio' che ha un palpito. Amo tutto quello che con la intensita' delle mie emozioni posso creare, trasformare, innalzare, far reagire.

Ringrazio il Creato per avermi dato la destrezza di vedere il bello intorno a me. La mia vita, una cascata di emozioni che in una rapsodia di eventi sublimi ... mi rende felice !

December 9

A Happy Birthday
(Dedicated to My Mother ... the Source of My Inspirations and of My Life)

Today, December 9, the day in which I came into the world and came into the light ... I was born. A day in which a drop of life had the privilege of becoming reality.

I thank Creation for having given me the chance of existing, of living, of feeling womanly, mature, sensible, fulfilled.

I thank Creation for bestowing onto me the sentiment to appreciate the tangible surrounding me and the power to elevate it to the transcendental, an emotion that I fully savor ... an emotion that gives me equilibrium, inspires me into poetry, into sweetness, into love.

I love life and everything life gives me. I love people. I love everything that has a pulse. I love everything that with the intensity of my emotions I can create, transform, uplift, and make react.

I thank Creation for giving me the dexterity to see the beauty surrounding me. My life, a waterfall of emotions, that in a rhapsody of sublime events renders me happy !

13 dicembre

Eppur la Vita e' Bella ...

... Sogna quando sei triste! Pensami! Sono la Musa che vuol portare in te il sole!

Oggi nevica. Navigo attraverso i sentieri della mente e della neve. Vedo immagini lontane e distanze astrali, in una sinfonia di bianco. Immagini avvolte in veli di nebbia e in un'aria misteriosa, bucolica, natalizia. Immagini, poeticamente belle, ma lontane ... tanto lontane.

Eppur la vita e' bella se sappiamo intrigarla con le nostre emozioni, con i nostri stati d'animo, con le nostre attitudini positive. E allora sorridi! Diventa un clown ... diventa un istrione ... un camaleonte, contagia ... elettrizza gli altri. Genera un sorriso e vedrai che il mondo accanto a te ... te ne regalera' un altro. Il mirino e' divertire gli altri!

Il mondo e' un palcoscenico di emozioni. Entra nei suoi meandri per recitare una parte di tua scelta nella farsa della vita ... scegli quella che ti apporta gioia ... entra nel cuore della gente. Sei tu il padrone del palcoscenico ... vedrai ... avrai un successo planetario!

December 13

Yet Life is Beautiful ...

... Dream when you are sad! Think of me! I am the Muse that wants to bring sunshine inside of you.

It is snowing. I am navigating through the pathways of my mind and of the snow. I see past images elapsed, unreachable, inattainable, inaccessible, in a symphony of white; images enveloped in veils of fog and in a mysterious atmosphere ... bucolic ... festive ... poetically beautiful but distant, very distant.

Yet life is beautiful if we know how to intrigue it with our emotions, with our state of mind, with our positive attitude. Therefore, smile! Become a clown ... become a histrion ... engage ... electrify others. Generate a smile and you will see that the world surrounding you will smile back. The aim is to amuse others!

The world is a stage of emotions; enter into its intricate pathways in order to recite a part of your choice in the farce of life. Choose the part that brings you joyfulness and enter into the hearts of the people. You are the master of the stage ... you will see ... you will have a planetary success!

14 dicembre

Mondo Trascendente

... E' una giornata piovosa, ma il sole brilla nell'anima mia, perche' sto pensando a te ... dolcemente, teneramente ... come ti vedo io.

Non intrappolare con il risentimento ed il ragionamento quello che e' astratto. L'anima ed il raziocinio sono incompatibili, entra nel mondo etereo, trascendentale. Tocca con mano, rendi palese con l'energia delle tue emozioni ... il sogno.

Un sentimento e' un palloncino ... fragile ... leggero. Vola in alto, fluttua nell'aria nel suo fascinoso viaggio oltre la stratosfera. Ci allegerisce, ci illumina, ci irrora di sensazioni mistiche e piacevoli. Tutto intorno appare piu' bello, la gente piu' buona, il mondo piu' sereno.

December 14

Transcendental World

... It is a rainy day, but the sun shines inside my soul because I am thinking of you ... sweetly ... tenderly ... the way I see you.

Do not trap with resentment and reason what is abstract. The soul and reason are incompatible; enter into the ethereal, transcendental world. Touch with your hands; disclose with the energy of your emotions ... the dream.

A feeling is like a tiny balloon ... fragile ... light. It flies high, fluctuates in the air on its fascinating trip beyond the stratosphere. It levitates, it illuminates, and it impregnates us with mystical and pleasant sensations. All of the surroundings appear more beautiful, people more pleasant, the world more serene.

24 dicembre

Discorso Natalizio
(Ai Miei Studenti)

Sento il bisogno di dirvi che "sono inamorata di voi" perche' se non lo fossi non potrei generare la sinergia che mi permette di insegnarvi la lingua di Dante.

Voi siete l'universo in cui vivo, in cui mi espando, in cui galleggio. Voi girate con me in questo turbine di poesia, di emozioni, di magia!

Le emozioni ed il sogno sono i perni focali del mio vivere ed in questo dualismo tra realta' e sogno che genero la mia esistenza. Son fatta cosi'. Vivo di emozioni. Vivo il momento nella sua interezza, nella sua forma magica, nella sua forma mistica. Mi sento cosi' in questo momento: leggera, appagata, insegnante, disseminatrice di gioia, di sinergia e di messaggi sublimi.

A volte penso che il mio compito in questo mondo sia quello di dover rendere felici gli altri con le mie forti emozioni. A volte mi chiedo "ma cosa vuoi fare Christina? Trasformare il mondo?"; ed in risposta al mio soliloquio sento sempre dirmi "si Christina ... la tua forza di emozioni puo' farlo. Non vedi che ci riesci ... sempre!"

Eppure, la vita nella sua concretezza non e' poi cosi' esilarante come la si descrive. Bisogna trasformare la realta', innalzarla verso visioni oniriche pur sapendo che il parossismo della felicita' e' solo illusione. Nonostante tutto, evitare di perdere la percezione delle emozioni, mantenerle queste emozioni gagliarde, gioiose in modo tale da portare nella medesima dimensione anche e soprattutto, le persone che piu' ci stanno nel cuore.

December 24

A Christmas Discourse
(Presented to my Students)

I have the need to tell you that I am enamored with each one of you because if it were not so I would not be able to generate the synergy that would allow me to teach you the language of Dante.

Each one of you is the universe in which I live, in which I expand, in which I float. You spin with me in this turbine of poetry, of emotions, of magic!

Emotions and dreams are the focal points of my living. In this dualism of reality and dreams I generate my existence. This is the way I am. I live of emotions. I live the moment in its entirety and in its mystical, magical form. This is the way I feel in this moment: floating, satisfied, teacher, disseminator of happiness, of synergy and of sublime messages. Sometimes I feel that my assignment in this world is to render others happy with my emotions. At times I ask myself "What are you trying to do, Christina? Transform the world?" and the answer to this soliloquy I always hear telling myself "Yes, Christina. With your strong emotions you can do it. Don't you see that you succeed ... always!"

Nevertheless, life in its concrete or real form is not as exciting as I describe it. One needs to twist the truth, have the ability of bringing it into a dream stage even if knowing that the pure apex of happiness is an illusion. Above all avoid losing the perception of the emotions and preserve them with great strength and elation in such a way as to involve, above all, the people that we adore.

26 dicembre

Un Mondo in Distanza

... La vacanza nei Caraibi mi e' stata molto terapeutica. L'influenza mi aveva apportato una forma di letargia, un assopimento mentale e fisico. Credo di aver ripreso energia ma non ancora la mia tipica sinergia. Credo che anche il mio "io" sia stato convalescente, per questa ragione trascorrevo gran parte della giornata al sole, ma, lontana dalla spiaggia.

Avevo trovato un isolotto nel bel mezzo del mare caraibico che mi permetteva di dimenticare il mondo oppure di osservarlo in distanza a piacimento.
E quella parte del mondo in distanza sembrava un palcoscenico con tante creature-marionette o lillipuziani che pullulavano e contaminavano il mondo secondo le norme prestabilite dalla nostra societa'. Me ne stavo impalata, guardandoli ... da lontano ... dal mio punto di osservazione. Non c'e' altra scelta se si vuol vivere bene!.

Nel villaggio turistico, ogni mattina, al risveglio del sole, le note della tua lirica colmavano l'aria tropicale. Era bella l'isola di primo mattino trapunta dalle note del tuo cantore.

December 26

A World from a Distance

... The vacation in the Caribbean was very therapeutic. The influenza had imparted in me a form of lethargy, a mental and physical drain. I believe I reacquired my energy but not my usual synergy. I considered that even my Id was convalescing and, for this reason, I spent most of the day under the sun, but away from the inhabited beach.

I had found a speck of sand away from land in the middle of the Caribbean Sea that allowed me to either forget the world or allow me to observe it from a distance at my choosing. That part of the world from a distance seemed a stage with many near-by marionette-like creatures or lilliputs that swarmed or polluted the world according to the established norms created by our society. I remained impaled, looking at them ... afar ... from my observation point. There is no other choice if one wants to live well!

In the resort, every morning with the awakening of the sun, the notes of your lyric filled the tropical air. The island was beautiful, the early morning embroidered by the notes of your cantor.

28 dicembre

Sogna!

... Il mondo e' un tripudio di stupende analogie, di bellissime metafore se si ha la destrezza di trasformarlo. Il palpito che muove il mondo e' l'essere umano in balia dei marosi ... e' il naufrago nella sua eterna lotta balorda per mantenersi a galla.

E spera ... e spera l'essere umano finche' genera un antidoto alla sua tristezza e, per non sfregiarsi l'anima, diventa surreale e metafisico. In questa alchimia di elementi raggiunge il Parossismo della Felicita'.

Ricordati ... felicita' e' illusione, e' impressionismo, e' astrazione.

Ricordati ... si sta bene trasformando la realta'. Il sogno non crea opponenti. Infatti, i conflitti nascono dalla ragionevolezza, la quale non e' un sentimento, bensi' concretezza. Il sogno, forma immanente, crea; la realta', forma tangibile, disintegra. In questo dualismo antagonistico generiamo la nostra energia e la nostra esistenza. La vita e' un calice di spumaggiante champagne che nasconde tra le gaie bolle una triste goccia di amarezza.

December 28

Dream!

... The world is an exultation of stupendous analogies, of beautiful metaphors if we have the dexterity to transform it. The pulse that moves the world is the Human Being in the midst of turbulent waves, who is a castaway in a continuous foolish struggle to remain afloat!

The Human Being hopes ... and hopes ... until he generates an antidote to his sadness to avoid scarring of the soul by becoming evasive, surreal and metaphysical. It is in that alchemy that he reaches the paroxysm of happiness.

Remember that happiness is an illusion, impressionism and abstraction.

Remember we will live well if we transform reality. The dream does not create opponents. In fact, conflicts are nascent from reason which is not a sentiment but rather a concrete reality. The dream, in its immanent form, creates; but reality, in its tangible form, destroys. In this antagonistic dualism, we generate our energy and our existence. Life, in its reality, is a chalice of foaming champagne that hides, among the many merry bubbles, a sad bubble of bitterness.

14 marzo

Risveglio

... Le prime ore dell'alba. Lo splendore della natura che si desta in una cornucopia di colori, di armonia e di ritmi sincopati porta le mie emozioni nelle oasi della piu' lontana galassia!

Tutto e' un brusio ... un tremolio di luci, di sole ... mentre le nuvole laboriose creano uno squarcio nell'azzurro. L'aere e' ancora frizzante, eppure si avverte un certo tepore che dice al cuore ... esulta!

I primi garriti inondano il cielo. Gli alberi abbozzano le prime gemme!

In giardino sono spuntate le prime foglioline dei tulipani e dei giacinti ed il croco fa capolino tra l'erba. E' accaduto stanotte!

La febbre del giardinaggio trova sfogo in me.
Il mio giardino, fra giorni, diventera' un palcoscenico di fiori. Il rosso vermiglio dei tulipani e delle carnose rose trionfera' sullo smeraldo dell'erba per stupefare il cuore dei passanti!

March 14

Awakening!

... The first hours of dawn. The splendor of nature awakens in a cornucopia of colors, harmony and syncopating rhythms; transporting my emotions to the oasis in the furthest galaxy!

All is humming ... a flickering of sunlight, while the laborious clouds create a tear in the blue. The air is still nippy and yet one can feel that certain warmth singing to the heart ... exalt!

The first twittering inundates the sky. The trees sketch their first buds!

In my garden the first tulip and hyacinth leaves came into the light, while the crocus peeps through the grass. It occurred last night! The fever of gardening runs wild in me. My garden in a few days will be a stage full of flowers. The crimson red of the tulips and of the pulpy roses will triumph over the emerald green of the grass to dazzle the hearts of the passer-bys!

1 Gennaio

Questo Mio Mondo ...

... Man mano che passano gli anni, il mio mondo diventa sempre piu' agnostico; questo non nel senso religioso della parola, bensi' in quello filosofico ... come reazione, effetto trainante del vivere.

Sto imparando ad accettare ogni individuo nella sua interezza, con tutta la sua moltitudine di maschere, senza pormi domande, cercando allo stesso tempo di non perdere la percezione delle emozioni attraverso le nicchie della mia fantasia; questo non mi compromette e non compromette gli altri che mi ascoltano.

Il mio mondo e' fantasioso; e' surreale percio' benevolente. Questo mio mondo e' ... il mio elixir di vita!

Cosa hai fatto la notte di San Silvestro? Cosa hai fatto per congedarti dal Duemila? Io ho contemplato il mondo dall'alto nello splendore della neve e delle stelle, nel suo connubio di bianco e di argento.

January 1

This World of Mine ...

... Little by little through the passing of the years my world is becoming more and more agnostic; not in the religious sense but rather philosophically in my reaction to living.

I am learning to accept each individual fully with all his multitude of masks, without posing myself any questions; at the same time trying not to lose the perception of my emotions through the niches of my fantasy. This does not compromise me or others that listen to me.

My world is fanciful; it is surreal, therefore benevolent. This world of mine is ... my elixir of life!

What did you do New Year's Eve? What did you do to say good-bye to Y2000? I contemplated the world from above in its splendor of snow and stars, in its connubial white and silver.

10 aprile

A ritroso nel tempo

... Il mio idillio con Guatemala. Il viaggio che feci, le emozioni che mi muovono e che dimorano nella mia mente, l'amore viscerale che mi lega a Guatemala, la mia Terra natia ... sono gli elementi trainanti che plasmano la mia personalita' ed i miei sentimenti.

Dopo molti anni, l'arcobaleno piu' incantevole celebro' il mio ritorno nel Guatemala, "la Terra della Eterna Primavera". Lo vidi brillare, riverberare dall'alto ... l'arcobaleno ... durante la fase di atterraggio a Guatemala City.

Avevo appena quattro anni quando lasciai Guatemala.

Il trascorrere del tempo non cancello' i ricordi. Pensavo che quei luoghi esistessero solo nella mia fantasia, invece, in un'atmosfera di incanto e di stupore, i ricordi della mia fanciullezza rafforarono alla mente e affluirono a miriadi appena Guatemala mi si paro' dinnanzi.

Scorrevano dolcissimi, a ritroso nel tempo, i ricordi del clima tropicale, delle piantagioni di banane, dei variopinti pappagalli e dei Maya rimasti inalterati attraverso i passaggi del tempo.

Guatemala e' uno scrigno di arte, folklore e tantissima bellezza pristina. Il folklore non e' una messa in scena per il turista bensi' realta' di vita.

All'improvviso fu come aprire un sipario e scoprire che le scene rimaste nascoste dietro le quinte per un lasso di tempo lasciato sospeso incondizionatamente, fossero parte integrante del mio subconscio, di un linguaggio latente, di una parte arcana e misteriosa dei miei sentimenti.

April 10

Dormant Memories ...

... My romance with Guatemala. The trip that I took, the emotions that move me and that dwell in my mind, the visceral love that binds me to Guatemala and my native land ... are the key elements that mold my personality and my sentiments.

After many years, the most enchanting rainbow celebrated my return to Guatemala, the 'Land of Eternal Spring'. I saw it resplendent, reverberating from above ... the rainbow ... during the landing into Guatemala City.

I was barely four years old when I left Guatemala.

The passage of time did not erase the memories. I had all along thought, during my adolescent years, those memories existed only in my fantasies; however, now in an atmosphere of allure and enchantment, the memories of my childhood surfaced into my mind, streaming copiously as soon as Guatemala appeared in front of me.

Sweetly were flowing, in retrospect in time, the memories of the tropical climate, of the banana plantations, of myriadly colored parrots and of Mayan remains, unaltered by the passage of time.

Guatemala is a kaleidoscope of art, folklore and much pristine beauty. The folklore is not a mise-en-scene for the tourists but rather a reality of life.

Suddenly, like the opening of a stage curtain, I discovered that the scenes which had remained hidden behind the curtain for years, left suspended indefinitely, unfolded to become an integral part of my subconscious, of my

Fili di magia connessero il passato al presente. Le vedute dei vulcani con le loro forme coniche ... l'immenso e solenne Lago Atitlan ... il coloratissimo mercato degli Indios a Solola' ... le Estelas Monolite a Quirigua ... il Castello di San Felipe nella Costa Caraibica ... le vestigia della antichissima capitale Antigua ... Rio Dulce ... il contrasto delle alte montagne al calore della giungla semi-tropicale ... lasciarono una impronta indelebile nell'anima mia.

Guatemala mi accolse e mi rapi' tra i suoi arabeschi di colori ecclettici e di forme magiche. I ricordi che resistettero al trascorrere del tempo e la realta' di quel momento si fusero e mi conquistarono.

latent language and of an arcane and misterious part of my sentiments.

Magical tassels connected the past to the present. The sights of the conical volcanoes ... the immense and solemn Lake Atitlan ... the very colorful Indian market in Solola' ... the monolithic Estelas of Quirigua ... the castle of San Felipe near the Caribbean coast ... the ruins of the ancient capital of Antigua ... Rio Dulce ... the contrast of the tall mountains to the heat of the semi-tropical jungle ... left an indelible mark on my soul.

Guatemala welcomed and enraptured me amid its arabesque form of eclectic colors and magical molds. Memories that resisted the passage of time and the reality of that moment fused together and conquered me.

INDEX

Prologo (Prologue) 6-9
Frammenti di Vita (Fragments of Life) 11-87
Pioggia (Rain) 12-13
Grotta Azzurra (The Blue Grotto) 14-15
Lo Scoiattolo (The Squirrel) 16-17
Brinata (Frost) 18-19
Percezione (Perception) 20-21
Frammenti (Fragments) 22-25
Tempesta Notturna (A Storm in the Night) 26-27
Mattinata (Morning tide) 28-31
Mi Tierra Guatemala (My 'Tierra' Guatemala) 32-35
Rio Dulce (Rio Dulce) 36-37
Madre (Mother) 38-39
Nevicata (Snowfall) 40-41
Maschere (Masks) 42-43
L'io e L'aurora (The Ego and the Aurora) 44-45
Bellezza (Beauty) 46-49
Spegnersi (Extinguished) 50-51
Dolore (Pain) 52-53
Succede a volte (At times it happens) 54-55
Primavera (Spring) 56-57
Eclisse (Eclipse) 58-59
Se io Potessi (If I could) 60-63
Armonia (Harmony) 64-65
Oblio (Oblivion) 66-67
Poesia (Poetry) 68-69
A Mia Sorella (To My Sister) 70-71
Un Lampo di Gioia (A Spark of Joy) 72-73
Pensiero Dominante (A Dominating Thought). 74-75
Sogni (Dreams) 76-77
Quel Sole Isolano (That Island Sun) 78-79
Spuma (Surf) 80-81
I Marosi (The Breakers) 82-83
Blu (Blueness) 84-85
Dorme la Notte (A Dormant Night) 86-87

Passi di Diario (Excerpts from a Diary) 89-137
Un Mondo Illusivo (An Illusive World) 90-91
Anelare alla Conquista (Longing for the Conquest) 92-93
Mattinata (Dawn) 94-95
Paese Mio (My Town) 96-97
Attesa (Expectation) 98-99
La Vita e' un Momento (Life is a Moment) 100-101
Luminosa Bolla (A Luminous Bubble) 102-103
Stagioni (The Seasons) 104-105
Fantasia e Realta' (Fantasy and Reality 106-107
Dolce e Amaro (Bitter and Sweet) 108-109
Incontro di Nuovo la Luna (I Encounter the Moon Once Again) 110-111
I Ricordi (Memories) 112-113
Tu (You) 114-115
Atmosfera Natalizia (Christmas) 116-117
Un Compleanno Felice (A Happy Birthday) 118-119
Eppur la Vita e' Bella (Yet Life is Beautiful) 120-121
Mondo Trascendente (Transcendental World) 122-123
Discorso Natalizio (A Christmas Discourse) 124-125
Un Mondo in Distanza (A World from a Distance) 126-127
Sogna! (Dream!) 128-129
Risveglio (Awakening!) 130-131
Questo Mio Mondo (This World of Mine) 132-133
A ritroso nel tempo (Dormant Memories) 134-137